AF227162

# AUX ÉLECTEURS

## DU LOIRET.

IMP. DE MADAME JEUNEHOMME-CRÉMIÈRE,
RÜE HAUTEFEUILLE, n° 20.

# AUX ÉLECTEURS

## DU LOIRET.

## PARIS,

PLANCHER, Libraire, rue Poupée, n° 7;
DELAUNAY, Libraire, au Palais-Royal.

ET A ORLÉANS,

Chez HUET-PERDOUX, Libraire.

—

1817.

# AUX ÉLECTEURS

## DU LOIRET.

~~~~~~~~~~~~~~~~~

Au moment où nous nous disposions à mettre quelques pensées sous les yeux des électeurs du département du Loiret, il nous est tombé sous la main une brochure intitulée *le Guide des Electeurs*, qui nous a paru justifier son titre. L'éloge que cet écrit a déjà reçu dans plusieurs journaux, la distribution qui paraît s'en être opérée, ne nous laisse pas douter un instant qu'il n'ait reçu un favorable accueil du gouvernement, et nous nous bornons à en extraire quelques passages.
~~~~~~~~~~~~~~~~~

. . . . . . . « La légitimité et la Charte !.... « la Charte toute entière, voilà le cri des Fran- « çais : les principes qui ont fondé cet acte so- « lennel sont gravés dans tous les cœurs. La « Charte est la propriété nationale, et la cons- « cience politique des Français. Quel serait « le désespoir public et les convulsions de « la France, au moindre attentat contre la « Charte !.... Qu'ils seraient malavisés ceux « qui tenteraient cette rude innovation, et « qu'ils s'accréditeraient mal dans la confiance « et dans l'amour du peuple !..... Quelques « insensés, dit-on, rêvent encore une telle « chimère !..... ils ne méritent que la pitié. « *Néanmoins, il faut être soigneux de n'ac-* « *corder son suffrage qu'à ceux qui ont en* « *horreur ces opinions funestes.* »

. . . . . . . « Nos intérêts sont contenus dans la Charte ; ces intérêts sont : *la liberté de conscience, la liberté politique et civile, l'é-galité devant la loi, le gouvernemeut repré-*

sentatif, *le droit de consentir l'impôt, celui d'être jugés par jurés, la liberté de la presse, la responsabilité des ministres, la garantie de toutes les propriétés.* D'autres appellent ces intérêts, les *intérêts révolutionnaires;* mais dans le fait, ce sont les *vrais intérêts nationaux* dont le maintien est le premier devoir des députés, parce qu'il est le *premier, l'exclusif vœu* de leurs mandataires.

« N'en chargeons donc que des hommes imbus des principes de la Charte, et prêts à les défendre, ardens à la fois et modérés, pleins d'égards pour les citoyens, pleins de zèle pour la chose publique, et sur-tout étrangers aux doctrines politiques qui ont désolé notre patrie, et ne seraient propres qu'à en perpétuer les malheurs.

« Car, si l'esprit de parti est funeste au repos de la France, nous devons écarter soigneusement de la représentation ces hommes qui, même revenus de leurs erreurs, présentent dans leur *nom seul* une bannière au son de laquelle viendraient se groupper *toutes les vieilles et coupables espérances.*

« Et si même on remarque parmi les candidats des personnages, non pas diffamés par leurs excès, non pas déshonorés par des doctrines révoltantes, mais *exaltés*, mais *aigris* par le renversement d'un ordre de choses anéanti pour jamais; des hommes dont les intentions peuvent être droites, quoique leurs regrets amers, dont les devoirs envers la patrie lutteraient mal contre leurs intérêts et d'anciens préjugés, que les électeurs opposent un ménagement à leurs prétentions, une fermeté inébranlable, les écartent en leur disant: « *Nous connaissons votre droiture, nous estimons votre caractère; mais nous ne devons pas sacrifier le bonheur de la France à ceux qui ne comprennent pas ses nouveaux besoins. La génération qui s'élève n'a qu'une foi po-*

*litique ; gardons-nous d'éterniser nos dissen-*
*tions en perpétuant les principes qui les ont*
*fait naître. Souffrez donc , pour aujourd'hui,*
*que nous ne remettions le soin de la chose*
*publique qu'aux hommes seulement qui con-*
*naissent l'esprit du temps et y attachent tout*
*leur avenir. »*

On ne peut assez le répéter : il nous faut
des hommes sans préventions comme sans
reproches, des hommes que leur penchant et
leur raison affectionnent à nos institutions....
Ces hommes dont la patrie s'honore, dont elle
attend des services si utiles, ne sont point
rares parmi nous , la voix publique les nomme,
la conscience privée les connaît.

. . . . . . . : « Il est indispensable, pour assu-
rer le résultat des élections en faveur de la
majorité, d'apporter aux colléges électoraux
une indulgence réciproque pour les nuances
légères qui séparent les hommes d'une même

opinion. Cette indulgence n'est point de la mollesse, elle naît au contraire du légitime désir d'ajouter aux forces de la raison et du bon droit, en cédant habilement sur les petites choses pour l'emporter d'autant plus sûrement sur les grandes ; car, l'opiniâtreté et l'esprit d'exclusion, se roidissant contre l'évidence, laissent le champ libre aux factieux ; et tandis que les bons citoyens usent leurs forces dans de misérables débats, les intrigans s'unissent, se groupent, se pressent sous une seule bannière, et profitant de la discorde qui agite les rangs de la majorité font sans peine triompher leur parti.

. . . . . . . . « Qu'au lieu donc de se diviser en une foule de petits pelotons, au lieu d'éparpiller ses votes sur des citoyens obscurs qui n'offrent aucun espoir de succès, la majorité, forte de ses bonnes intentions et confiante dans le jugement et la droiture de ses membres, sacrifie généreusement les considérations particulières, réunisse ses suffrages et les attache à un petit nombre d'hommes désignés par la voix publique.

. . . . . . . . « Proclame-t-elle un de vos compatriotes juste, désintéressé, bon père, bon mari, bon voisin, attaché au roi et à son pays, c'est à coup sûr un bon citoyen. Ajoute-t-elle qu'il a un esprit droit, de l'instruction, des lumières, de la fermeté, de la modération; voilà les élémens d'un excellent député. »

Après cet extrait, il ne nous reste plus rien à dire aux électeurs, et seulement nous nous bornerons à leur indiquer les candidats que l'opinion publique a proclamé.

Sur les rangs était un ancien magistrat qui, pendant vingt ans, avait donné des preuves non équivoques d'un rare mérite et d'une intégrité sévère; mais à peine a-t-il su que les suffrages se fixaient sur lui, qu'il s'est empressé d'annoncer que sa fortune, chargée d'un usufruit, ne lui donnait pas la capacité de répondre à la confiance de ses concitoyens, et qu'il ne voulait pas, par son refus, compromettre leurs intérêts. C'est avec regret que nous ne pouvons le mettre au rang des candidats; mais il en est d'autres que la voix publique désigne, ce sont MM. *Huet de Froberville; Lainé Villevesque; Chauvel*, maréchal de camp en retraite.

M. *Huet de Froberville*, ex-député du Loiret à l'assemblée législative, homme de lettres distingué, invariable dans ses principes; toutes les phases de la révolution l'ont trouvé le constant ami des idées libérales que la Charte a consacrées; l'ennemi de toutes les tyrannies et de toutes les vexations: il est sorti pur des orages de la révolution; ses connaissances en législation, sa rare intégrité, sa modération, son indépendance des hommes et des événemens lui donnent des droits puissans à la confiance des électeurs.

M. *Lainé Villevesque*, l'un des présidens du collége électoral, membre perpétuel du conseil général du département, a constamment prouvé qu'il savait défendre les intérêts de son pays, et que si le succès n'a pas toujours couronné ses efforts, on ne peut l'imputer qu'à des circonstances qu'il n'a pas été dans son pouvoir de maîtriser. Manufacturier, il n'a jamais suspendu ses travaux, et dans des temps de calamité il a soutenu l'indigence et a pourvu à ses besoins les plus pressans.

Des mœurs pures; une probité sévère, voilà sa vie privée; de l'énergie et de la fermeté ont caractérisé ses fonctions publiques, dans lesquelles il a montré qu'il était aussi habile administrateur que commerçant éclairé.

M. *Chauvel*, maréchal de camp en retraite,

à Sandillon, est également désigné. Peu désireux de la renommée et du bruit, il n'a point cherché à se faire connaître ; mais les électeurs se rappelleront qu'il a commandé en chef, pendant un grand nombre d'années, le 64e. régiment de ligne, qui alors ne se trouvait composé que des enfans du Loiret. Devenu général, il n'a point oublié les braves qu'il avait si souvent conduits à la victoire ; il a voulu se replacer parmi eux. Il a réclamé l'honneur de faire partie du collége électoral du Loiret ; aussi l'a-t-on vu, dans les dernières élections, s'y présenter avec cette modestie de lui-même qui ne l'abandonna jamais. Retiré du service militaire, où il a eu tant d'occasion de se signaler et de donner non-seulement des preuves de bravoure, mais encore celles d'un excellent administrateur, c'est dans son département d'affection qu'il a voulu se créer une nouvelle existence. Sévère dans ses principes comme dans ses mœurs, attaché aux institutions nouvelles dont il connaît le besoin pour la France, dévoué à son roi, et rigide observateur de la Charte, tels sont ses titres à la confiance publique.

Tels sont les candidats que la voix publique indique ; c'est aux électeurs à prononcer. Puissent-ils se bien pénétrer que leur union fera leur force, et qu'ils ne doivent point isoler leurs suffrages ni les accorder à des hommes qui, *ne connaissant point l'esprit du temps, ne peuvent comprendre nos nouveaux besoins.*

www.ingramcontent.com/pod-product-compliance
Lightning Source LLC
Chambersburg PA
CBHW051220050726
47594CB00007B/3305